TENEMOS CARÁCTER

YO SIGO LAS REGLAS

CHARLOTTE TAYLOR

Gareth Stevens PUBLISHING

TRADUCIDO POR
CECILIA GONZÁLEZ GODINO

Please visit our website, www.garethstevens.com. For a free color catalog of all our high-quality books, call toll free 1-800-542-2595 or fax 1-877-542-2596.

Library of Congress Cataloging-in-Publication Data
Names: Taylor, Charlotte, author.
Title: Yo sigo las reglas / Charlotte Taylor.
Description: New York : Gareth Stevens Publishing, 2021. | Series: Tenemos carácter | Includes bibliographical references and index.
Identifiers: LCCN 2019044002 | ISBN 9781538260937 (library binding) | ISBN 9781538260913 (paperback) | ISBN 9781538260920 (6 Pack) | ISBN 9781538260944 (ebook)
Subjects: LCSH: Obedience–Juvenile literature.
Classification: LCC BJ1459 .T39 2020 | DDC 179/.9–dc23
LC record available at https://lccn.loc.gov/2019044002

Published in 2021 by
Gareth Stevens Publishing
111 East 14th Street, Suite 349
New York, NY 10003

Translator: Cecilia González Godino
Editor, Spanish: Natzi Vilchis
Designer: Sarah Liddell
Editor: Megan Quick

Photo credits: Cover, p. 1 GagliardiPhotography/Shutterstock.com; background throughout Igor Vitkovskiy/Shutterstock.com; p. 5 LightField Studios/Shutterstock.com; p. 7 Sergey Novikov/Shutterstock.com; p. 9 Bull's-Eye Arts/Shutterstock.com; p. 11 Yuliya Evstratenko/Shutterstock.com; p. 13 Syda Productions/Shutterstock.com; p. 15 Pressmaster/Shutterstock.com; p. 17 George Rudy/Shutterstock.com; p. 19 YAKOBCHUK VIACHESLAV/Shutterstock.com; p. 21 Monkey Business Images/Shutterstock.com.

Printed in the United States of America

CPSIA compliance information: Batch #CS20GS: For further information contact Gareth Stevens, New York, New York at 1-800-542-2595.

CONTENTS

Las palabras del glosario se muestran en **negrita** la primera vez que aparecen en el texto.

¿Por qué existen reglas?

¡Muchos lugares tienen reglas! Hay reglas en casa, en la escuela y en nuestro vecindario. Tenemos reglas por muchas razones. Algunas existen para mantenernos seguros y otras para que las cosas permanezcan limpias y ordenadas. Las reglas también ofrecen a todos una oportunidad.

TOP

La seguridad es lo primero

Jake estaba montando en bicicleta cuando llegó a una calle con mucho tráfico. Se detuvo y bajó de la bicicleta. Entonces, esperó a que el semáforo estuviera en verde para cruzar la calle. Jake siguió las reglas y se mantuvo seguro.

Jada estaba jugando un partido de sóftbol y era su turno de batear. Antes de agarrar el bate, Jada se puso el **casco**. Todos los jugadores deben llevar casco para **proteger** su cabeza. Jada siguió las reglas y no se hizo daño.

Isabella oyó sonar el timbre de su casa y miró por la ventana. No reconoció a la persona que estaba en la puerta, así que no abrió. Sus **padres** le habían dicho que no abriera la puerta a extraños. Isabella siguió las reglas y se mantuvo segura.

Sé justo

Luke estaba jugando a su videojuego **favorito**. Su mamá le había dicho que dejara jugar a su hermano después de media hora. Aunque Luke quería seguir jugando, dejó el juego. Luke siguió las reglas y permitió que su hermano también jugara.

El profesor de Diego hizo una pregunta a la clase. Diego sabía la respuesta, pero no la gritó. En cambio, levantó la mano y esperó a que el profesor le diera la palabra. Diego siguió las reglas y permitió que sus compañeros también participaran.

Sé cuidadoso

La clase de Laila sacó libros de la **biblioteca** y la profesora les pidió que no comieran ni bebieran cerca de ellos. Laila llevó su libro a casa, pero no lo leyó hasta terminar de merendar. Laila siguió las reglas y cuidó de su libro.

David estaba pintando un dibujo cuando llegó la hora del almuerzo. El profesor pidió a los **alumnos** que recogieran y David apartó las pinturas y limpió los pinceles. Entonces, se colocó en la fila para la comida. David siguió las reglas y mantuvo el aula ordenada y limpia.

La familia de Hailey organizó un **pícnic** en el parque. Después de terminar de comer, tiraron a la basura los desperdicios. Después, jugaron a la pelota. Siguieron las reglas y mantuvieron el parque limpio.

GLOSARIO

alumno: una persona que va a la escuela para aprender.

biblioteca: un lugar donde se guardan libros.

casco: un gorro duro que mantiene tu cabeza segura.

favorito: lo que más nos gusta.

padres: personas que tienen hijos a su cargo.

pícnic: una comida que se organiza en el exterior.

proteger: mantener seguro.

PARA MÁS INFORMACIÓN

LIBROS

Cook, Julia. *That Rule Doesn't Apply to Me!*. Boys Town, NE: Boys Town Press, 2016.

Smith, Molly. *I Can Follow the Rules.* Pelham, NY: Newmark Learning, 2019.

SITIOS DE INTERNET

Understand the Basic School Rules

video.search.yahoo.com/search/video?fr=yfp-t&p=basic+rules+for+kids#id=1&vid=37c6af130203750a944f4204e882db11&action=click

Descubre un divertido video que muestra a estudiantes revisando las reglas de la escuela.

Why Do We Have Rules?

www.wonderopolis.org/wonder/why-do-we-have-rules

Reflexiona un instante sobre por qué tenemos reglas y ¡sobre lo que ocurriría si no las tuviéramos!

ÍNDICE